Inhalt

Cloud Computing - Lohnt sich Rechenleistung aus der Wolke auch für den Mittelstand?

Kernthesen

Beitrag

Fallbeispiele

Weiterführende Literatur

Impressum

Cloud Computing - Lohnt sich Rechenleistung aus der Wolke auch für den Mittelstand?

Harald Reil

Kernthesen

- Kleine und mittlere Unternehmen (KMU) vertrauen zwar schon auf Cloud Services; allerdings ist noch deutlich Luft nach oben.
- Cloud-Lösungen können problematisch werden, wenn sie komplexe betriebswirtschaftliche Vorgänge abbilden sollen. Standardsoftware aus der Wolke ist dazu oft nicht in der Lage.
- Dennoch ist Cloud Computing auch für

KMU eindeutig ein Wachstumsmarkt. Experten rechnen während der nächsten Jahre mit einem sprunghaften Anstieg der Investitionen.
- Bundesinnenminister Hans-Peter Friedrich ist Schirmherr der Initiative "Deutschland sicher im Netz e.V.", eines Vereins, der KMU bei der Auswahl von Cloud Services unterstützt.
- Vorbildcharakter hat Rüsselsheim, das eigens für ortsansässige Unternehmen einen lokalen Cloud Service aufbaut.

Beitrag

Vorteile von Cloud Computing: niedrigere Kosten, höhere Expertise

Keine Frage: Cloud Computing setzt seinen Siegeszug in Deutschland fort und erfreut sich auch bei kleinen und mittleren Unternehmen zunehmender Beliebtheit. Ein Wunder ist das nicht, verspricht doch die Auslagerung von Rechenleistung, Speicherplatz oder Software in eine public oder private Cloud eine ganze Reihe handfester Vorteile, die im Kampf um globale Märkte immer wichtiger werden. Dazu zählen besonders niedrigere IT-Kosten und eine fundierte IT-Expertise, für die vor allem KMU kein Geld haben. Entsprechend positiv sind die Zahlen, mit denen Cloud Computing aufwarten kann: 2012 vertrauten bereits 37 Prozent der deutschen Unternehmen auf Cloud-Lösungen, was im Vergleich zum Vorjahr einen Anstieg um neun Prozent bedeutete. (1), (2)

KMU hinken noch hinterher

Während allerdings fast zwei Drittel aller Großunternehmen schon auf Cloud Computing setzen, hinken der Mittelstand und vor allem kleine Unternehmen mit unter 100 Mitarbeitern der Entwicklung noch ein wenig hinterher. Setzten im abgelaufenen Jahr immerhin schon 45 Prozent der mittelgroßen Unternehmen Cloud Computing ein, so waren es bei den kleinen Firmen nur rund 25 Prozent. Dennoch: Auch bei den KMU geht der Trend eindeutig hin zur Cloud. Veröffentlicht haben diese repräsentativen Ergebnisse, für die 436 deutsche Unternehmen befragt wurden, die BITKOM und die KPMG, ein weltweit agierendes Netzwerk von Wirtschafts- und Beratungsunternehmen. (1), (2)

Das Kreuz mit der Cloud: Software

von der Stange

Allerdings ist in Sachen Cloud Computing noch längst nicht alles Gold, was glänzt. Vor allem Mittelständler, die gerne international expandieren und Handel zum Beispiel mit China oder Russland treiben wollen, müssen sich darauf einstellen, dass dafür oft komplexe Logistikprobleme zu bewältigen sind, die sich mit einer betriebswirtschaftlichen Standardsoftware nicht oder zumindest nicht ohne Weiteres bewältigen lassen. Darin liegt aber gerade das Problem. Cloud-Anwendungen mögen zwar tatsächlich günstiger als maßgeschneiderte IT-Software-Systeme sein, ob sie aber tatsächlich die Prozesse abbilden können, die sie abbilden sollen, ist eine andere Frage. Schmerzlich hat das der Unterwäschehersteller Schiesser erfahren müssen. Einer der Gründe, warum das Radolfzeller Unternehmen 2009 in die Insolvenz geschlittert ist, war eine Software, die nicht in der Lage war, einen reibungslosen Workflow mit den chinesischen Lieferanten zu garantieren. (3)

Trends

Deutsche Daten auf deutschen

Servern

An Cloud Computing kommt in Zukunft wohl kaum noch ein KMU vorbei, selbst wenn noch längst nicht alle Kinderkrankheiten ausgeheilt sind. Dazu zählen vor allem das Problem von standardisierten Anwendungen, die sich für die spezifischen Bedürfnisse einiger Unternehmen nur wenig eignen, und Sicherheitsbedenken, obwohl Fachleute wie zum Beispiel der BITKOM-Präsident Dieter Kemp diese Ängste als unberechtigt zurückweisen - zumindest in den meisten Fällen. Dennoch wird die Frage, wie sicher sensible Daten auf firmenfremden Servern sind, die Gemüter sicherlich noch einige Zeit erhitzen. Initiativen wie die Rüsselsheimer City-Cloud-Bewegung, die Unternehmen der Stadt eine lokale Cloud-Lösung anbietet, oder der sogenannte Mittelstandscontainer, den die Innovo Cloud GmbH in Zusammenarbeit mit dem Schaltschrankbauer Rittal entwickelt hat, werden daher aller Voraussicht nach Schule machen. Deutsche Daten auf deutschen Servern könnte man den Leitgedanken dieser Projekte zusammenfassen. Wenn sich noch dazu verlässliche Zertifizierungsrichtlinien für Cloud-Provider durchsetzen, und die Politik es schafft, klare gesetzliche Rahmenbedingungen festzuzurren, steht dem endgültigen Durchbruch der Cloud-Technologie auf breiter Front auch bei kleinen und mittleren Unternehmen nichts mehr im Wege. (1), (7), (10)

Wachstumsmarkt Cloud Computing

Fachleute der in Ismaning bei München ansässigen Experton Group AG gehen davon aus, dass in diesem Jahr die Investitionen rund um Cloud Computing die Schallmauer von fünf Prozent der IT-Gesamtausgaben erreichen werden. Im nächsten Jahr prognostizieren sie dem Cloud-Computing-Markt ein Wachstum von mehr als 50 Prozent im Vergleich mit diesem Jahr. Wenn auch der Mittelstand zurzeit bei kaufmännischen Software-Lösungen, die in der Cloud angeboten werden, noch zurückhaltend ist, so erwarten die Experten auch in dieser Hinsicht eine deutliche Trendwende. Beliefen sich im vergangenen Jahr die Investitionen für diese Services noch auf 35,1 Millionen Euro, so sollen sie bereits im Jahr 2017 auf 282,6 Millionen Euro klettern. (4)

Beraterhonorare schießen nach oben

Cloud Computing wird in Zukunft teurer werden. Daran wird vor allem der Mittelstand zu knabbern haben. Das ist das Ergebnis einer Studie, die die Geco AG veröffentlicht hat. Das Unternehmen untersucht unter anderem die Lohnentwicklung für IT-Profis, die auf freiberuflicher Basis arbeiten. (9)

Fallbeispiele

Cloud Computing für den Mittelstand: Deutschland sicher im Netz

Bundesinnenminister Hans-Peter Friedrich ist der Schirmherr des Vereins "Deutschland sicher im Netz e.V." (DsiN), der vor allem kleinen und mittleren Unternehmen (KMU) in Deutschland zugutekommen soll. Konkretes Ziel der Initiative ist es, KMU bei der Auswahl und dem Einsatz von Cloud Services zu helfen. Eine Checkliste mit 14 Punkten, die Fragen der Technik, der Wirtschaftlichkeit und des Rechts behandelt, können interessierte Unternehmen unter DsiN-Cloud-Scout.de einsehen. Entwickelt hat den Gratisratgeber eine Projektgruppe mit Mitgliedern von DsiN, SAP, Microsoft, Telekom und Fraunhofer AISEC. (5)

Rechenzentrum auf einem

Quadratmeter

Die Innovo Cloud GmbH hat in Zusammenarbeit mit dem Schaltschrankhersteller Rittal ein Rechenzentrum entwickelt, das nach eigenen Angaben auf einem Quadratmeter Platz hat. Das innovative Konzept für Cloud Computing richtet sich vor allem an Mittelständler, die ihre Daten im Hause halten und noch dazu über ein leistungsstarkes Rechenzentrum für vergleichsweise wenig Geld verfügen wollen. (6)

Die City Cloud für Rüsselsheimer Unternehmen

Rüsselsheimer Firmen werden in Zukunft die Nutznießer eines Cloud-Computing-Projekts sein, das unter dem Namen City Cloud firmiert. Die Initiatoren sind die Stadtwerke, IMB, der IT-Service-Provider NCT und der Betreiber des Rechenzentrums E-Shelter. Die Vorteile für die Unternehmen: Ein firmeneigener Serverraum wird überflüssig, die Sicherheitsstandards sind genauso hoch wie bei DAX-Unternehmen, und die Daten liegen sozusagen auf dem Servern um die Ecke und genießen dadurch den Schutz deutscher Gesetze. Interessant ist die Rüsselsheimer City-Cloud-Initiative vor allem für

KMU. Bis Ende 2013 soll die Cloud zumindest schon von einigen Unternehmen der Stadt nutzbar sein. Während der folgenden Jahre wollen die Stadtwerke das dafür benötigte Glasfasernetz ausbauen. Das Projekt genießt in Deutschland Modellcharakter. (7)

eBusiness-Lotse für Paderborner KMU

In Paderborn haben das Software Quality Lab der örtlichen Universität und InnoZent OWL, ein Verein, der sich aus progressiven Unternehmen, Forschungsstätten und wirtschaftsnahen Organisationen zusammensetzt, vor kurzem ihr Projekt eBusiness-Lotse vorgestellt. Adressat sind KMU der Region Ostwestfalen-Lippe. Der Lotse, ein unabhängiger IT-Experte, wird in Zukunft kleine und mittlere Unternehmen beim Ausbau ihrer IT-Kompetenz unterstützen. Er liefert dazu unter anderem Informationen zur richtigen Hard- und Software, "grüner" IT, Sicherheitsaspekten, Wissensmanagement, mobilen Diensten, Social Media und Cloud Computing. Gefördert wird das Projekt vom Bundesministerium für Wirtschaft und Technologie. (8)

Nutzung von Cloud Computing: IT-Firmen vor Transport und Logistik

Spitzenreiter mit 65 Prozent in der Nutzung von Cloud-Computing-Lösungen sind IT-Firmen. Ihnen folgen mit 44 Prozent Unternehmen aus der Transport- und Logistikbranche. Ihnen dicht auf den Fersen mit 42 Prozent ist die Pharmaindustrie. Die letzten Plätze nehmen der Handel und der Fahrzeugbau mit 28 und 27 Prozent ein. 80 Prozent der bisherigen Nutzer von Cloud Computing sind zufrieden mit den Erfahrungen, die sie gemacht haben. Zauderer äußerten Skepsis in Hinsicht auf den Datenschutz, den Rechtsrahmen und die Integration in die bestehende Infrastruktur. 29 Prozent der Nichtnutzer gaben an, dass sie die Absicht hätten, in Zukunft Cloud-Computing-Lösungen in ihren Unternehmen einzusetzen. (1)

Weiterführende Literatur

(1) Cloud Computing in Deutschland weiter auf dem Vormarsch
aus ddp direct Pressemitteilung vom 06.03.2013, 11:27:01

(2) Im Mittelstand gibt es noch Wissenslücken
aus Handelsblatt Nr. 060 vom 26.03.2013 Seite 042

(3) Saubere Kennzahlen
aus WirtschaftsWoche NR. 014 vom 30.03.2013 Seite 072

(4) Der Mittelstand will Geschäftslösungen aus der Cloud nur à la carte
aus VDI NR. 09 VOM 01.03.2013 SEITE 14

(5) Guter Cloud-Rat ist für den Mittelstand jetzt billig
aus Computerwoche, 11.03.2013, Nr. 11

(6) Frankfurter Cloud für Mittelständler
aus Frankfurter Allgemeine Zeitung, 22.02.2013, Nr. 45, S. 51

(7) Rüsselsheim setzt auf Datenwolke
aus Frankfurter Allgemeine Zeitung, 23.03.2013, Nr. 70, S. 45

(8) IT-Lotse für Unternehmer Angebot für kleine und mittelständische Firmen
aus Neue Westfälische vom 15.03.2013

(9) Cloud, SAP und Mobile treiben Berater-Honorare
aus Creditreform Nr. 04 vom 05.04.2013 Seite 045

(10) Datenschutz-Compliance - praktische Unterstützung bei der Umsetzung durch den IDW PS 980
aus Betriebs Berater Heft 14/2013 Seite 811

Impressum

Cloud Computing - Lohnt sich Rechenleistung aus der Wolke auch für den Mittelstand?

Bibliografische Information der deutschen Nationalbibliothek

Die Deutsche Nationalbibliothek verzeichnet diese Publikation in der deutschen Nationalbibliografie; detaillierte bibliografische Daten sind im Internet über http://dnb.d-nb.de abrufbar.

ISBN: 978-3-7379-0399-8

© 2015 GBI-Genios Deutsche Wirtschaftsdatenbank GmbH, Freischützstraße 96, 81927 München, www.genios.de

Alle Rechte vorbehalten. Dieses Werk ist einschließlich aller seiner Teile – z.B. Texte, Tabellen und Grafiken - urheberrechtlich geschützt. Jede Verwertung außerhalb der Grenzen des Urheberrechtsgesetzes bedarf der vorherigen Zustimmung des Verlags. Dies gilt insbesondere auch für auszugsweise Nachdrucke, fotomechanische

Vervielfältigungen (Fotokopie/Mikroskopie), Übersetzungen, Auswertungen durch Datenbanken oder ähnliche Einrichtungen und die Einspeicherung und Verarbeitung in elektronischen Systemen.